섭섭한 오후

| 한국대표정형시선 050 |

섭섭한 오후

이은주 시집

고요아침

■ 시인의 말

마음의 부속도서 같은
시조가 있어
오후가 더러 넉넉합니다.

쉽게 잡히지 않아
더 자주 더 많이
섭섭하기도 합니다.

2018년 9월
이은주

■차례

■시인의 말　　　　　　　05

제1부

마음의 시접　　　　　　13
한지 같은 오후　　　　　14
어제가 아니라서　　　　15
벌레의 길　　　　　　　16
영혼의 섬 같은　　　　　17
길값 꼴값　　　　　　　18
저물지 않는 저녁　　　　19
그늘을 전지하다　　　　20
너무 큰 관　　　　　　　22
섭섭한 가을　　　　　　24

제2부

세·대·차·이	29
그늘의 값	30
한글은 어려워!	31
마음의 고치	32
틈새 수선집	33
서鼠 참봉이 사는 법	34
노인과 참새	35
오이누름돌	36
냄새의 행패	37
착한 소음	38
변신	39

제3부

ㄷ ㅊ	43
샘플 인생	44
'품는다'는 말	45
시 때문에	46
어?!	48
민달팽이	49
동묘 벼룩장	50
가을 신호등	51
울지 않는 전화	52
가발	54
창백한 울음	55

제4부

젖은 우산 출입금지	59
우리 동네 앙드레 김	60
이쁜 치매	62
삶에게 잠시 삐칠 때	63
입추 여행	64
수원 까마귀 떼	66
별일 아닌 별일	67
가시연	68
내비중독	69
담쟁이 발자국	70

제5부

바람의 간격　　　　　　　　73

울컥 벌컥　　　　　　　　74

알람들의 아우성　　　　　　75

먼지의 유혹　　　　　　　　76

베짱이의 고함　　　　　　　77

화살나무의 봄　　　　　　　78

옷장　　　　　　　　　　　79

죽은 까치　　　　　　　　　80

우아한 청소　　　　　　　　81

여　　　　　　　　　　　　82

■해설_아이러니 혹은 弄談의 濃淡
　　／정수자　　　　　　　83

1부

마음의 시접

바투 잘린 시접에 교복을 버린 적 있다

융통성의 밑단과 잠재력의 여유분은

쟁여둔 이면지처럼 또 다른 생을 열고

마음의 시접분이 넉넉한 사람들은

여운 긴 문장처럼 추가되는 여백처럼

쿨하다, 삶의 품도 널따란 느긋한 느티 같다

한지 같은 오후

전깃줄의 새떼처럼
신발 벗고 올라앉은

근린공원 할매들은
사람 독서 삼매경

일제히
책장 넘기듯
행인들을 읽고 있다

눈길 마중 눈길 배웅
고개만 따라 젓다

빛바랜 한지 같은
하루해가 다 가고

그렇게
조각보처럼
또 한해를 이어간다

어제가 아니라서

아침에 눈을 뜨며 날짜부터 확인했다
하는 대로 퇴짜 맞고 약속은 죄다 깨진

어제가 아닌 것만으로
오늘이 정말 좋다

나쁜 기억들은 뒤끝도 긴 법이라
돌아가고 싶기보다 잘 건너 다행인 날들

다시는, 볼일 없는 어제
모든 게 다 편안하다

벌레의 길

텃밭에서 키웠다는 열무잎을 다듬다가
야금야금 씹어나간 벌레길을 보았다
한 바퀴
뱅글 돌다가
삐뚤빼뚤 짚어 간

온몸을 지팡이삼아 그물맥 헤집으며
골목에서 신작로로 곡예하듯 오르내린
여름 끝,
생의 이력을
한 줄로 요약했다

매순간이 첫 술이고 출발의 연속이니
먹어야 길이 되는 후진 없는 하얀 외길,
그 무슨
'무공해' 사인처럼
필기체로 환하다

영혼의 섬 같은

파도에
깊이 엎드려
등이 된 섬
한 점 섬

간격이
닫히지 않는
바다 위
모퉁이돌

영혼의
부속도서 같은
마음 길이
길어진다

길값 꼴값

동 대표와 상가 간에 큰 싸움이 벌어졌다
아파트가 닦은 길로 손님들이 드나드니
길값을 자꾸 내란다
공짜가 어딨냐며

인도에 울을 치고 앞뒤로 문도 달았다
연 이백씩 계약한 마트 앞만 쪽문 주고
큰 문을 사슬로 꽁꽁,
모른 척 참견 말란다

바람이 나른 꽃길 너나없이 넘나드니
꽃향기 어이없어 슬그머니 자취 감추고
뻐꾸기 그 소식 듣곤
꼴값~ 꼴값~
소문낸다

저물지 않는 저녁

무덤 같은 민머리를 베개에 파묻은 채
때 절은 체취들을 속옷으로 껴입은 채
노후를
침대에 먹힌
녹슨 저녁이 있다

발버둥치는 풍선을 꽉 붙든 비닐끈처럼
절개된 기관지로 거듭 차는 침을 빼며
줄들로
친친 묶여진
인질 같은 긴 여생

딸이 매단 닭 모빌은 자꾸 문을 힐끔대고
통로 향해 귀가 환한 음각 같은 어머니
날마다
저물지 않는
젖은 저녁이 있다

그늘을 전지하다

사다리차 닥치더니
가지치기 한창이다

봄의 색을 머금은
가지들이 제거되자

그늘이
음소거되듯
덩달아 가벼워졌다

확 트인 하늘로
눈앞이 쫄깃해지고

던져진 빈자리를
잎차례가 매듭지면

그늘은

뿌리 없이도

꿋꿋하게 또 자랄 거다

너무 큰 관

끝났어요
쭉 펴세요
이제는 안 아프시죠?

그 말을 미처 못 듣고
오그린 채 가셨는지

뭉툭해
너무 휑한 관
꽃들로 채워 넣다

체온 같은
뼛가루를
봄바람에 맡기고

자꾸 찾는 언덕에서
오후는 오래되고

쏩-쏩-쏩

둥지 위 산새처럼

전언하듯 별이 총총

섭섭한 가을

낙엽을 감시하듯
경비는 순찰 돌며

하루에도 몇 차례씩
가지를 내흔들어

가을을
싹싹 쓸어 담는
비질소리 끈끈하다

앞을 쓸면
뒤로 한 잎
뒤를 쓸면
앞으로 한 잎

찬찬히
더 보라고
한 닢 두 닢
보태는데

아저씨

비 집어던지고

은행나무

냅다 찬다

2부

세·대·차·이

더울까 차양 달고 추울까 매트 깔고
오감 자극 딸랑이 지능발달 모빌까지
동화 속 꽃대궐 같은 아기들의 유모차

강아지 낑낑대자, 엄마가 안아줄까?
개 닮은 중년 부인 쩔쩔매며 둥기둥기
검은 색 도글라스까지 최신형 개 유모차

벽돌 한 장 태우고 그 무게 반려 삼아
배를 얹어 밀고 가는 할머니의 헌 유모차
변명을 늘어놓느라 바람도 숨이 차다

그늘의 값

그림자도 타들어갈듯 맹렬한 땡볕 피해

커다란 느티 아래 차를 슬몃 댔다가

호되게 대가를 치렀다 새똥받이 그늘값을

텃새들 불러들여 텃세를 부리는지

탄흔으로 만신창이 이중세차 택도 없네

그 그늘 탁탁 털어서 뒤집어나 널었으면

한글은 어려워!

예쁘다 / 안 예쁘다, 깨끗하다 / 안 깨끗하다

반대말 물어보는 노인학교 국어시험

내 고마 이번 시험엔 100점 확실하데이

두둥실 벅찬 가슴에 한턱 쓰려 했건만

새빨간 빗금들이 회초리처럼 들이치고

우야꼬 빵점 시험지 손자 볼까 부끄럽데이

마음의 고치

새벽 수영 기초반의 털북숭이 젊은 남자
양 팔엔 용이 날고 등엔 호랑이 포효하는
그 그림 눈에 띈 순간
수영장물 출렁 떤다

오다가다 마주칠까 사람들 만전 피고
빙글대며 뭘 물어도 못 들은 척 얼버무리니

온몸의 격렬한 문신은
또 다른 선을 긋고

썰물에 휩쓸리듯 손쉽게 외면하다
맘의 고치 슬쩍 열고 엿보듯 말을 건다

총각은 무슨 일을 해?
지는 간호사여유

틈새 수선집

건물과 건물 사이 빈틈을 비집고 앉아
싹 수리한 재봉틀을 가장처럼 모셔놓은
명품옷 일류수선집,
그 간판이 호기롭다

임대료는 도대체 누구에게 내는 걸까
입소문 내달라고 바람에게 건네는지
온종일 노루발* 몰아
멍든 꿈을 깨운다

반색하듯 삐걱대는 여닫이문 닫을 새 없이
넘나드는 발길들로 반질해진 나무 문턱,
납작한 한 평 수선집
삶의 틈도 박음질 중!

* 재봉틀에서, 바늘이 오르내릴 때 바느질감을 눌러 주는 두 갈래로 갈라진 부속.

서鼠 참봉이 사는 법

105동 목련 아래 몇 년째 그가 산다
돌덩이로 막아봐도 끓인 물을 부어봐도
금세 또 딴 구멍 차려 머릴 쏙쏙 내민다

백여 마리 자식을 매년 낳아 키우려면
돌멩이 발길질과 빗자루 따귀에도
음식물 수거통 옆이 최고의 더부살이

온갖 욕 눈총에도 질긴 악취 들락대며
빈손으론 못 간다고 악착떠는 참봉부부
그득한 군더더기에도 쥐구멍이 고만 밝다

노인과 참새

물먹다 젖은 발로 무심코 철봉에 앉다

쩡! 하고 동장군에 두 발을 붙들린 참새

파드닥 날갯짓해도 시간줄만 자꾸 당기네

내다보던 노인이 북풍 몰래 꼭 감싼 뒤

잡힌 발 호호 부니 얼음이 먼저 글썽

스르르 백발 입김이 생사를 구부리다니

* 미국 아이다호주에서 입김을 불어 참새를 구한 실화.

오이누름돌

더 이상 손목 아파 못 담그겠다 내어 놓은
어머니 손바닥 같은 오이누름돌 세 덩이
진즉에 엎어 놔버린 장독처럼 뻘쭘하다

딱 맞는 걸 주웠다고 소금물에 팔팔 삶아
한 십 년 청오이를 상자 채 들여다가
해마다 잘 절은 여름을 한 통 씩 건네셨지

세심한 뿌리처럼 지긋이 눌러주어
돌 맛이 우러났나 오독오독 늘 맛있던,
차돌을 비법처럼 챙겨와 세월만 고여 놓다

냄새의 행패

노숙의 쩐내들을 겹겹이 거느리고
모자가 전철 안으로 천천히 밀고 온다

숨 참다
급히 내리는
승객들이 벌겋다

냄새에도 뼈가 있나 주먹처럼 훅 들어온
악취의 고함소리에 귀청 떨어지겠네

행패 속
주춤대다 못 내린
승객들이 퍼렇다

착한 소음

매일 아침 6시면 천장이 우웅- 떤다
탱크가 들이닥치는 퍼런 꿈에 놀라 깨고
휴일엔 더 솔직해져 진원인 듯 몸부림이다

파스냄새 늘 스치는 아저씬 택배기사
계단을 뛰어 오르며 물집 같은 땀을 쏟아도
자식 셋, 친절한 냉수 같은 까르르 웃음소리

고무처럼 휘청대도 유연한 건 질긴 거라고
곳곳의 뭉친 노동 안마기가 알아주니
오늘도 푸욱 푸시길! 층간소음 걱정 말고

변신

오늘도 갑옷 입듯 차를 입는 사람들

배기량의 용량이 배짱의 크기 되어

용기가 불끈 솟는지

거침없이 내달린다

시간을 포획하는 세일즈맨 길 위의 삶

불안이 추월할 듯 과시를 힐끔대며

속도에 녹이라도 슬까

흐름을 바짝 미행한다

3부

ㄷ ㅊ

몇 시까지 와 달라는 아들 카톡 받고 나가
다 왔음 알리려고 휴대폰을 누르다가
이번엔 초성만 ㄷㅊ(도착)
나도 한번 날려봤다

암호 같은ㆍ나 ㅇㅇ 달랑 달더니
ㄷㅊ(닥쳐)로 알아듣고 냉큼 걸려온 전화
몸 달아 진동 떨듯 바들대니
깨소금 맛이 따로 없네

샘플 인생

물구나무 샘플 병을
콕콕콕 두드려대는
그녀의 출근 준비에
생이 왠지 샘플스럽다

우루루
들러리나 서다
덤으로
얹혀가는

짧게 쓰고 치워지는
알바채용 나무 아래
냉동으로 채워지는
혼밥 혼술의 잉여인간

마음이
절뚝절뚝하다
청춘이 다
누수된 양

'품는다'는 말

제대로 품는 법을
암탉에게 배우네

지구 위에
알을 얹고
가슴으로
운행하며

온기가
둥글게 전달될
거리유지
그 비법을!

시 때문에
― '자세히 보아야 예쁘다/오래 보아야 사랑스럽다/너도 그렇다'
― 나태주 「풀꽃」

아빠가 엄마에게
이 시를 바쳤다가

부부싸움 크게 났다
내가 그리 못났나요?

풀꽃이
남이면 뭉클하고
나라면 불쾌하고

자세히 안 봐도
원래부터 예뻤다고!

장미로 불러주지
가시가 왕창 있는

꽃들은

가만히 있는데

저들끼리 쑥떡쑥떡

어?!

쪽창으로 내다보니 눈앞이 흰색일색
어? 눈 왔다, 아니네…
날씨를 오해 했다
주차된 흰차 네 대가
창틀을 메웠던 것

멋대로 잘려나간 형형색색 조각들처럼
착시는 다양하고
착각은 서슴없다
안목의 축척縮尺은 높아도
사각지대 투성이다

민달팽이

겁 없이 집을 나와
'민' 한 자 대신 얻어
모자처럼 눌러쓰고
돌 밑에 숨어살며
귀퉁이 적시며 가는
맨발 같은 몸뚱이

그 틀만 벗어나면
내달릴 줄 알았겠지
티끌 살살 맛보며
세상을 배밀이해도
어디서 멸종 소식 없이
자꾸 기어 나온다

동묘* 벼룩장

손 글씨 '덧보선'에 미소가 절로 피고
'세 벌에 오천 원~' 검정비닐 펄떡댄다
퀴퀴한 동묘 주변엔 손님보다 많은 할배들

바래고 때 절어도 버젓한 상품 되고
세월에 깊이 묻혀도 물어물어 찾는 이들
벼룩장 흥정 구경으로 소일하는 바람들

관우 사당 주위로 구불텅 돌아와서
미세먼지 무릅쓰고 당연한 듯 집결하여
뒤켠에 웅크려 앉아 갱지 같은 허공을 본다

* 동묘 : 『삼국지』에 나오는 관우(關羽)의 묘우.
  정식 명칭은 동관왕묘(東關王廟) (보물 제142호).

가을 신호등

차 유리에 끼어 든
활짝 갠 은행잎 둘

황색불 얼비춘 듯
얼결에 멈칫한다

가을은
노란 신호등
속도를 줄이라는

울지 않는 전화

자식에게 누가 될까
도맡은 치매 수발

마음의 씽크홀을
팔 년쯤 견뎌보다

별안간
음독을 해버린
86세 할머니

생전에 뇌던 말씀
메아리로 맴을 돈다

얘들아, 사랑한다
전화 좀 자주 하자

어둔 방
말문을 잃고

그믐이 된
효도전화기

가발

가발을 맞췄다 주민증도 바꿨다

어제까지 모습이 오늘부터 낯설어

안 쓰면 밖에 못 나선다

젊음이 보호색인양

문명에 길들수록 과장되는 포장욕구

순식간에 돌려받은 10년 세월 우쭐하다

집에 와 후딱 벗어던지며

위장 본능 해제하다

창백한 울음

처서 지난 매미 소리 늘어난 태엽처럼
지이익 지이이익― 한참 씩 숨 돌리며
계절의 통로에 낀 듯
여위고 윤기 없다

마음의 고도는 구름 따라 더 높은데
막바지 부여잡듯 암컷을 당겨 봐도
끝물은 거들떠도 안보나
과숙 침묵
애가 끓다

4부

젖은 우산 출입금지

먼저 온 막내부터 계단 앞에 쪼그렸다

물구나무 벌을 서듯 오는 대로 코 박는데

장우산 뻣뻣하게 굴다

기어이 자빠지고

비 올 땐 어화둥둥 떠받들고 다니더니

현관 밖 쫓겨나와 한뎃잠을 자고 있다

대접과 푸대접 사이

다 받아낸 순한 날

우리 동네 앙드레 김

백구두 백바지에
흰 재킷 흰 중절모

땅땅 흰 지팡이는
패션의 화룡점정

흰옷만
떼쓰듯 고집해
별명은
앙드레~ 김

구색을 맞췄다며
희희낙락 흐뭇하다

어리둥절한 눈길들을
거만하게 거느리면

솜틀듯,
꾹 눌린 웃음들이
틀틀틀틀
부푼다

이쁜 치매

함바집 전전했던 몸뻬 같은 지난 세월

수북이 욕을 얹어 고봉으로 밥을 푸던

쭈글이 욕쟁이 할매 욕설을 다 소진한 듯

자식도 간병인도 매일 새로 잊어먹고

뉘신데 먹을 걸? 고마워요 복 받으세요

한 움큼 덤을 얹듯이 덕담 공덕 쌓으시네

삶에게 잠시 삐칠 때

집게 핀을 변기에 풍! 난감하여 넋을 잃다
막힐까봐 하는 수 없이 굴욕 속에 비닐 끼고
정성껏 주워 들고 보니 구멍 난 비닐일 때

급하게 뛰어들어 번호표를 뽑았으나
대기자 그득그득, 전광판에 애걸하는데
누군가 놓고 간 표를 뒷사람이 집어 챌 때

아무도 배웅 않는 멋쩍은 현관으로
강아지 따라 나와 꼬리 배웅 열렬한데
신 신다 물컹한 개똥을 오지게 밟았을 때

선명한 분노 앞에 상대는 감쪽같아
날이 선 비명들을 휘두르듯 내지르다
피시식, 열없게 웃으며 삶의 눈치 흘낏 본다

입추 여행

사전 같은 일상 덮고
혼자, 나선 여행
진초록 들녘엔
누른빛이 감돌고

가을이
오긴 올 모양
햇살 양보 없이도

입추 따라 마실 나온
빨간 두건 허수아비
뜨거운 한낮부터
지키고 선 너른 벌이

거대한
오븐 안에서
노릇노릇 부풀겠네

꾸벅꾸벅 목례만 해
꾸짖듯 툭! 떨어진
구면인 시집 두 권
챙겨들고 나섰다가

화들짝
귀만 또 접고 닫은
뒤축 구긴 입추 여행

수원 까마귀 떼

떼까마귀 떼거지로
수원 남부 장악하다

온난해진 기후 탓에
울산까지 갈 것 없이

아파트
방풍림 속의
전깃줄에 터를 잡다

거리마다 분변이니
인간들의 볼멘소리

느닷없는 동거에
어스름 길어지고

불시착
귀가 못한 새들로
하늘이 까맣게 운다

별일 아닌 별일

가락동 닿기도 전에 와르르 쏟아져 버린

도로 위 딸기바다 각혈인 듯 낭자하다

쓰러진 트럭 주변으로 꿈들 따라 하차하고

호기심의 뭇 시선들 비상등 켜 애도할 뿐

마비됐던 차량들이 한 대씩 풀려나면

뉴스에 나올 일도 없는 별일 아닌 별일이다

가시연

뭉쳤다 편 종이같이 꼬깃꼬깃 연잎들은

풀칠한 듯 잘 발린 수면 위의 바늘방석

물과 볕 싹싹 비벼먹고 늘어가는 날선 가시

볼멘 듯 자줏빛으로 양면 가득 들이대도

개구리 찾아오고 잠자리 쉬어가고

애벌레 노란 허기를 초록으로 채워간다

내비중독

기대 반 의심 반 내비부터 켜고 본다
인간내비 같이 타도 허전하여 슬쩍 켜나
손발이 척척 안 맞아 경로이탈 다반사다

차 살 때 붙어서 온 고지식한 붙박이 내비
실시간 정보를 펜 스마트한 구글 맵스
잘 하다 인공위성 지날 땐 엉뚱한 헛소리를…

먼 거리 초행길엔 두 대를 켜고 간다
내 촉까지 더해져 셋이 분분 떠들다
목적지 코앞에 두고 헤매는 건 습관 탓?

담쟁이 발자국

도서관 담벼락에
동그란 발자국들

흔적이 약도가 된
그 길에 빠져 읽다

또 다른 발자취 찾아
책 속을 기웃댄다

5부

바람의 간격

햇볕에 추를 단 듯, 나른한 봄날 오후
심심한 실바람이 간을 치듯 솔솔 대자
앞 동의 늙은 벚나무 남실남실 장단이네

대열에서 슬쩍 빠진 허투루 된바람이
별안간 확 떠다밀어 허리가 휘청해진
뒷동의 갓 핀 백목련 봄날을 와락 쏟네

작은 고기 떼를 지어 큰 고기로 위장하듯
큰 바람과 한패인 척 자잘한 바람의 허풍
간발의 간극을 따라 봄 표정이 귀띔하네

울컥 벌컥

1.
또 먹냐는 남편 말에 며칠을 울컥했다
생각이 부추기면 서운한 마음 돋아
늦가을 빈 가지처럼 가슴이 방전된다

중년의 낯선 증상 갱년기에 떠넘기고
얼굴 확확 붉어지듯 울긋불긋 변덕스런 맘
요란한 영양제 광고처럼 여 보란 듯 잎이 진다

2.
거드는 아내 말에 때도 없이 벌컥한다
누렇게 퇴색해도 내색 못한 퇴직처럼
남편의 갱년기 증후 늘 푸른 듯 빈틈없다

레몬을 처음 씹은 시큼한 표정처럼
웃는 건지 우는 건지 알 수 없는 본인 속내
솔잎이 쑥스러운 듯 쏜살같이 떨어진다

알람들의 아우성

방방이 알람들이 허둥지둥 깨어난다
1분 보탠 4시 31분 엄마를 시작으로
아빠 벨 뒤를 따르고
아들 딸 목을 푼다

시간 빚 독촉하듯 돌아가며 닦달이고
쥐어박듯 눌러 꺼도 잔소리처럼 되살아나는
얄미운 알람들에게
사과하고 수습했다

다 끈 줄 알았는데 귓전에서 또 울린다

그만 꺼!
윗집거야
위층까지 거드는군

와자한 평일 아침 밖으로
팝업처럼 뛰쳐나가다

먼지의 유혹

퇴고에 집중하자, 톡방도 끊었는데
자판의 가는 틈새
먼지가 자꾸 거슬리고
떼쓰는 물때쯤이야
참견말자 외면하다

내친 김에 커튼 교체, 화장실벽 대청소까지
유혹에 깜빡 넘어가
한나절 훅! 털리고도
두 눈은 또 데룩데룩
핑계거리 찾고 있다

베짱이의 고함

 게으른 개미들을 베짱이가 고발합니다

 찍찌르 찍찌르르 청량한 음악들로 여흥을 자아내는 저 베짱이는, 이웃의 개미 가족과 낯을 익혔죠 일하는 개미들이 늘 그 얼굴이라 가만히 다시 보니 열에 둘만 죽어라 일을 하고 여섯은 하는 척 왔다갔다 생색뿐이며 나머지 둘은 창고 양식 축내며 심하게 놀고 먹더라구요 게으른 자여 개미에게 배우라구요?

 개미도 나름이라구요, 제 연주 어땠나요?

화살나무의 봄

어린잎
징징 매달리는
무거운 새 봄이다

잎과 꽃엔
눈 맞추며
가지는 그러려니

푸르르
날개를 활짝 펼쳐
핑— 하니 당기겠다

옷장

월세도 내지 않고
주인보다 큰 방 쓰는

옷장에서 옷방으로
기세등등 진화한

걸린 옷
널린 옷 깔린 옷
쟁여둔 옷가지들

그냥 두니 기고만장
침실까지 넘겨다봐

사람은 옷에 밀려
나돌다 끼어 자고

번번이
쫓겨나고도
옷 없다는 불평뿐이네

죽은 까치

얼핏 잡초 사이
제비꽃 할미꽃 사이

키조개 껍질 같은
우묵한 국그릇 같은

머리도
다리도 배도 없는
까치의 빈 몸을 봤다

제 살을 다 먹이고
껍질만 뜬 우렁처럼
지문이 다 닳았던
어느 어머니처럼

빈 둥지,
빈 볕 앉던 자리
온기 아직 있으려나

우아한 청소

TV 앞 미세먼지 걸레로 타이르고
갇혔던 겨울 냄새 창밖으로 배웅한 뒤

쑥 자란
연둣빛 햇살
한 아름씩 들여놓다

쓰러진 옷가지들 제 집 찾아 걸어주고
찡그린 이불 주름 팽팽히 당겨준 뒤

내 맘도
열두 폭으로
살균하듯 펴 넌다

여*

여, 인지
여인, 인지
푸른 품이
한결 같다

마냥 떠서 기다리는
테왁 같은 생계 위해

자기 숨
참을 만큼씩만
바다에게
꾸어 온다

* 물속에 잠겨 보이지 않는 바위.

■해설

아이러니 혹은 弄談의 濃淡

정수자

시인 · 문학박사

*

시에서 취향은 개성만큼 돋올하다. 한 시인의 시적 색깔을 이루는 바탕으로 작동하는 까닭이다. 취향趣向이 마음이나 욕구의 방향이라면 당연히 시적 방향으로 이어진다. 그러다 때로는 취향醉鄕에 쏠려 너무 깊이 노는 부류도 많다. 하지만 이은주 시인에게는 취향이란 마음의 방향 곧 시적 방향의 발현이다. 도시적 감수성의 소유자답게 고답적 감상성은 일찍부터 멀리했으니 그 또한 시적 취향의 한 방향이겠다.

2014년 『시조시학』 신인상 등단 후, 시인은 현대문명의 그늘을 파고드는 쪽으로 시적 가닥을 잡았다. 자연보다는 도시 속 사람살이의 면면을 들여다보고 이면裏面을 그려내는 작품이 주를 이루는 것이다. 우리가 발 딛고 사는 도시며 아파트 문화의 안팎에서 삶의 면모를 살피는 이런 시선은 중요하다. 실생활과 멀어진

자연의 예스러운 노래 복제보다 우리네 삶의 구차한 고샅인 '지금, 이곳' 읽기가 현대문학의 주요 속성인 일상성이나 구체성 구현에도 적합하기 때문이다.

그런 중에도 시인은 아이러니로 촉발하는 현대성의 농담弄談 속에서 튀는 웃음을 종종 빚어낸다. 가볍게 툭 던지듯 도입하는 상황 속에 발생하는 아이러니로 시적 농담濃淡의 효과를 높이는 것이다. 아이러니irony란 간단히 말해 반어反語다. 웃음의 전통적 방식인 익살이나 해학과 달리 '예상 밖의 결과가 빚은 모순이나 부조화'를 드러내므로 일상에도 많이 쓰인다. 수사학修辭學, rhetoric에서는 '의미를 강조하거나 특정한 효과를 유발하기 위해 생각하고 있는 것과 반대되는 말을 함으로써 그 이면에 숨겨진 의도를 은연중 드러내는 표현법'으로 써왔다. 언어나 상황 등의 모순을 통해 발생시키는 의외의 효과 덕에 현대문학에서 더 주목을 받는 기법이 되었다. 일반적 유머에서 블랙유머까지 견인하는 등 지적인 웃음의 유발과 그 효력이 큰 까닭이다.

아이러니가 이은주 시조에서는 조금 가볍게 나타나는 편이지만 그에 따른 시적 효과는 다양하다. 현대인의 극단적 이기주의나 자본주의의 깊은 그늘인 노인과 약자의 소외 문제, 동네의 장삼이사張三李四나 사람살이 등에 대한 반어적 묘사로 사회상의 다면多面을 그려내기 때문이다. 그 외에도 일상의 많은 일이나 인물, 사건들이 이은주 특유의 시조 문법을 입고 발랄하게 발현된다. 그런 작품들의 첫 모음집인 『섭섭한 오후』속으로 정독을 떠나보자.

*

 전술했듯, 아이러니는 이은주 시인의 한 특장特長으로 꼽을 수 있다. 그렇다면 가벼운 듯싶지만 결코 가볍지만은 않은 뒷맛도 다양한 아이러니는 어떤 방식으로 촉발되는가. 「세·대·차·이」 같은 작품에서 그 맛을 음미할 수 있는데, 반어적 상황으로 우리네 사회상을 날카롭게 찍어내기 때문이다. 이 시조는 과도한 애정 행태와 그런 사랑의 바깥에 놓인 소외라는 대조를 통해 '세대' 간의 다층적인 '차이'를 보여주는 점에서도 주목을 요한다. 이즈음 문화 현상에 대한 은근한 비판이 짙이기 때문이다.

 더울까 차양 달고 추울까 매트 깔고
 오감 자극 딸랑이 지능발달 모빌까지
 동화 속 꽃대궐 같은 아기들의 유모차

 강아지 끙끙대자, 엄마가 안아줄까?
 개 닮은 중년 부인 쩔쩔매며 둥기둥기
 검은 색 도글라스까지 최신형 개 유모차

벽돌 한 장 태우고 그 무게 반려 삼아
배를 얹어 밀고 가는 할머니의 헌 유모차
변명을 늘어놓느라 바람도 숨이 차다
　　　　　　　　　　　　　　―「세·대·차·이」전문

첫 수의 "유모차"는 보호나 보육 차원에서도 당연한 치장이겠다. "더울까 차양 달고 추울까 매트 깔고"나 "지능발달 모빌까지" 달고 다니는 "동화 속 꽃대궐 같은 아기들의 유모차"는 세상을 밝게 하는 좋은 모습이기도 하다. 그런데 "강아지 끙끙대자, 엄마가 안아줄까?"로 넘어가는 또 다른 '아기 유모차'는 입장에 따라 빈축을 살 수 있는 모습이다. 게다가 "개 닮은 중년 부인 쩔쩔매며 둥기둥기"도 웃음이 터질 그림인데 "검은 색 도글라스까지" 낀 "최신형 개 유모차"는 실소失笑를 유발할 만한 치장이다. 그런 모습에 "할머니의 헌 유모차"를 대입한 것은 극적인 반전 효과를 이룬다. "벽돌 한 장 태우고 그 무게 반려 삼아/배를 얹어 밀고 가는 할머니"로 우리 시대의 간단치 않은 노인 문제를 환기하는 것이다. 보호를 위한 "유모차"라는 외양은 같지만 용도는 전혀 다른 "헌 유모차"의 배치로 오랜 사회문제인 "세대 차이"를 극명하게 보여준다.

특히 둘째 수의 전도顚倒된 상황에는 눈살 찌푸리는 노인 세대가 꽤 많을 법하다. "변명을 늘어놓느라 바람도 숨이 차다"는 마무리에서 눌러온 변명이 우리 자신에게 돌아오는 화살처럼 느껴지는 것도 비슷한 까닭이겠다. 이렇듯 세 수에 압축적으로 제시하는 "유모차" 3대의 진풍경은 행간을 짚어볼수록 씁쓸하기 짝이 없는 '세대 차이'라는 뒤끝을 길게 남긴다. 유모차 '세대'와 '世代'의 동음이의어인 '세 대 차이'와 '세대 차이'도 중의적인 재미를 담고 있다. 이러한 효과는 요즘 새로운 문화로 자리 잡은 반려동물에 대한 과한 애정 행태와 반대로 점점 심해지는 노인 소외현상의 대조에서 커진다. 웃음을 깨물거나 혀를 차거나, 마지막에서 넌지시 드러나는 현실인식은 아이러니 속의 비판을 보여준다. 감상을 배제한 객관적 묘사만으로 아이러니 효과를 오롯이 살리는 가편이다.

아빠가 엄마에게
이 시를 바쳤다가

부부싸움 크게 났다
내가 그리 못났나요?

풀꽃이
남이면 뭉클하고
나라면 불쾌하고

자세히 안 봐도
원래부터 예뻤다고!

장미로 불러주지
가시가 왕창 있는

꽃들은
가만히 있는데
저들끼리 쑥떡쑥떡

― 「시 때문에」 전문

이은주 시인의 또 다른 의외성을 보여주는 시조라고 할 수 있겠다. 싸움의 발단은 나태주 시인의 「풀꽃」이다. 아니 사달이 난 것은 평소 남편의 표현 부족이거나 당시 아내의 편편치 않은 심정에서 연유할 것일 수도 있겠다. 「풀꽃」은 하찮고 작은 것들의 아름다움을 새롭게 발견하는 경이로움을 전제로 한다. 시인이 부제로 달았듯, "자세히 보아야 예쁘다/오래 보아야 사랑스럽다/너도 그렇다"는 단 세 줄의 통찰에 많은 열광이 있었던 까닭이다. 그런데 시 속의 아내는 바로 그런 내용을 문제 삼았으니 다분히 고의적으로 왜곡하며 "싸움"을 건다고 할 만한 상황이다. 이에 대응하는 남편 역시 그 속내를 모르지 않았는지 두 손 들듯 말하지만, 맞수다운 대결의 맛을 보여준다. "자세히 안 봐도/원래부터 예뻤다고!" 들이대는 아내 앞에다 질세라 "장미로 불러주지/가시가 왕창 있는"이라고 가시 돋친 응수를 하니 말이다. 볼수록 웃기는 상황을 시인은 종장의 비틀기로 다시 한 번 웃음을 얹는다. "꽃들은/가만히 있는데/저들끼리 쑥떡쑥떡"하다니, 코웃음 한껏 치는 꽃들의 모습을 훤히 보여주는 시적 연출이다.

좋은 시를 바쳤다가 부부싸움 일으킨 것은 우리네 일상에서 일어날 법한 어느 이웃의 사실이다. 그 상황을 시적으로 재구성한 시인은 재미를 앞세운 듯하지만, 그 이면에 제시하는 게 또 있다. 자세히 안 보고 얼른 봐도 예쁘다는 말로 시의 본의를 역전逆轉시키며 뒤통수를 치는 것은 그렇다 치고, 어? 하는 또 다른 발견도 슬쩍 던지는 것이다. "풀꽃"이 꼭 그렇게 자세히 봐야만 예쁜 것은 아니지 않나, 아니면 오래 봐야만 사랑스러운 것이 사랑이 아니지 않나, 등등 뒤집어 읽기를 자극하기 때문이다. 그래서 좋은 시는 때에 따라, 관점에 따라, 심정에 따라, 상황에 따라 달리 읽히며 새로운 의미를 탄생시키나 보다. 그런 것들을 군더더기 감상 덧대지 않고 그려내는 방식에서 이은주 시조의 유머와 간소한 형식의 매력을 볼 수 있다.

다음 시조도 도시민의 이기적 속성을 그리되 웃음을 일으키는 특성으로 주목된다.

동 대표와 상가 간에 큰 싸움이 벌어졌다
아파트가 닦은 길로 손님들이 드나드니

길값을 자꾸 내란다
공짜가 어딨냐며

인도에 울을 치고 앞뒤로 문도 달았다
연 이백씩 계약한 마트 앞만 쪽문 주고
큰 문을 사슬로 꽁꽁,
모른 척 참견 말란다

바람이 나른 꽃길 너나없이 넘나드니
꽃향기 어이없어 슬그머니 자취 감추고
뻐꾸기 그 소식 듣곤
꼴값~ 꼴값~
소문낸다

—「길값 꼴값」 전문

    도시의 한 풍경을 통해 현 사회에 만연한 이기심을 비틀며 웃음을 만드는데 그것은 쓴 웃음이다. 여기서 참 어처구니없게 만들어낸 "길값"이란 장삿속 이기주의의 발현이다. "동 대표와 상가 간"의 "큰 싸움"은 애초에 잇속 차리기에서 시작됐으니 돈 없이는 해결 안 되는 점입가경이다. "연 이백씩 계약한 마트 앞만 쪽문 주고/큰 문을 사슬로 꽁꽁" 묶어버리며 "길값" 안 치른 사람들의 통행을 아예 막아버린 것. 이런 장면은 신문이나 TV뉴스에 종종 나와 익숙한 풍경이 되었는데, 평수나 가격으로 차별하는 아파트 간의 통행로 분쟁이 다

비슷한 양상이다. 이런 이기주의를 내놓고 비난하지는 않지만, 셋째 수에서 자연의 지적 혹은 항변 형식을 도입하며 에두른 비판을 한다. 사실 "너나없이 넘나"드는 게 길이라는 공동 공간의 역할임은 두말할 나위가 없다. 그런데 "길" 쓰는 "값"을 새삼스럽게 내라니, 모든 곳이 길인 "꽃향기"들은 그럼 어쩌란 말인가. 그러니 "꽃향기"마저 "어이없어 슬그머니 자취"를 감출 수밖에 없는 변화상을 보여준다. 그 끝에 "뻐꾸기"를 등장시킨 것은 빛나는 한 수. "그 소식 듣곤/꼴값~꼴값~/소문낸다"니 피식 터지는 웃음으로 이기적 세태를 꼬집는 것이다. 이는 세태 풍자와 비판의 환기에 어울리지만 웃음을 안기는 방식은 비슷하다. 일상에서 흔히 보는 상황의 재구성을 통해 예상 밖의 모순이나 부조화로 시적 효과를 높이는 것이다.

아이러니를 통한 웃음과 그에 따른 다층적 뒷맛은 여러 편에서 만날 수 있다. "앞을 쓸면/뒤로 한 잎/뒤를 쓸면/앞으로 한 잎//찬찬히/더 보라고/한 닢 두 닢/보태는데//아저씨/비 집어던지고/은행나무/냅다 찬다((「섭섭한 가을」)"는 묘사도 가을날 흔히 만나는 도로변이나 아파트 청소 장면의 재미있는 캐리커처다. 웃음은 "은행나무"와 "아저씨"의 서로 다른 사정을 역전逆轉시키는 시적 해석에서 발생한다. 사실 "은행나무"는 잎을 그냥 떨어뜨릴 뿐, "찬찬히/더 보라고" 앞뒤로 내려주는 것은 아니건만, 시인의 주석이 끼어들면서 빨리 쓸어 없애려는 "아저씨"와 모순된 상황을 만든다. 이렇듯 현대인의 일상 속에서 잡아내는 반어적 상황이나 인물 묘사로 무해한 웃음을 주지만, 간간이 페이소스나 냉소어린 웃음으로 우리네 현재를 되짚게도 한다. 「샘플 인생」, 「삶에게 잠시 삐칠 때」 등도 엄숙주의 선호가 높은 시조판에 웃음을 제공하는 개성적인 작품들이다.

*

이은주 시조집에는 웃음보다 깊은 아픔의 시조도 여러 편 있다. 먼저 노인 이야기를 다룬 시조들에서 그가 현대사회를 어떻게 보는지, 시인으로서의 현실인식을 엿볼 수 있다. 너무 빨리 진입한 고령사회도 버거운데 조만간 초고령사회로 접어든다는 우리 현실은 많은 난제를 안고 가는 중이다. 앞으로도 가장 풀기 어려운 사회적 과제가 바로 초고령사회가 야기하는 문제들일 것이다. 그런 점에서 노인 문제는 자주 거론되지만 노인 문학은 이제 본격적으로 시작하는 것 같다.

이은주 시인이 노인을 다룬 작품도 스케치 같은 면은 있지만, 여러 현상의 형상화로 사회에 만연한 문제를 짚는다. 다음 시조는 공원의 할머니들 모습을 무겁지 않게 묘사하며 그들의 무료한 일상과 쉬 끝나지 않을 노후를 보여준다.

전깃줄의 새떼처럼
신발 벗고 올라앉은

근린공원 할매들은
사람 독서 삼매경

일제히
책장 넘기듯
행인들을 읽고 있다

눈길 마중 눈길 배웅
고개만 따라 젓다

빛바랜 한지 같은
하루해가 다 가고

그렇게
조각보처럼
또 한해를 이어간다

― 「한지 같은 오후」 전문

    노인의 사정을 그리면서 그다지 어둑한 표현은 없다. 조금은 우습게 묘사한다는 점에서는 아이러니가 두드러지는 앞의 시조들 맥을 잇는 편이다. 하지만 "전깃줄의 새떼처럼/신발 벗고 올라앉은/근린공원 할매들"의 제시는 조금 다른 면모를 담보한다. 공원 벤치에 "신발 벗고 올라앉은" 모습이라니, 아마 오래 앉아 있었거나 한참은 계속 앉아있을 참이라 하겠다. 딱히 갈 데 없는 노인들 일상의 묘사인데 그것도 "사람 독서 삼매경"에 빠진 장면으로 색다른 희화화를 꾀한다. "책장 넘기듯/행인들을 읽고 있다"는 문장은 할 일 없는 노인들이 공원에 나와 소일하는 모습을 판화처럼 보여준다. 사실 사람 보는 재미는 누구에게나 크다지만 "근린공원 할매들"이라면 무료한 소일의 반복일 뿐이다. 그러니 "눈길 마중 눈길 배웅/고개만 따라 젓다" 보내는 나날은 "빛바랜 한지 같은/하루해"의 연속일 수밖에 없는 것이다. 이 탁월한 비유는 "그렇게/조각보처럼" 이어가는 세월의 반영으로 금방 찢어질 듯 위태로운 노후의 기나긴 그늘과 노을을 비춰낸다.

다음 시조는 끝나지 않는 노년의 고통을 진지하게 파고들어 웃음 대신 울음을 삼키게 하는 작품이다.

무덤 같은 민머리를 베개에 파묻은 채
때 절은 체취들을 속옷으로 껴입은 채
노후를
침대에 먹힌
녹슨 저녁이 있다

발버둥치는 풍선을 꽉 붙든 비닐끈처럼
절개된 기관지로 거듭 차는 침을 빼며

줄들로
친친 묶여진
인질 같은 긴 여생

딸이 매단 닭 모빌은 자꾸 문을 힐끔대고
통로 향해 귀가 환한 음각 같은 어머니
날마다
저물지 않는
젖은 저녁이 있다

―「저물지 않는 저녁」 전문

"인질 같은 긴 여생"이라면 설명 없이도 짐작할 만한 노후의 모습이다. 그것도 "줄들로/친친 묶여진" 상태로 "무덤 같은 민머리를 베개에 파묻은 채"일 경우는 회복 불가능한 고문 같은 시간이겠다. 그렇게 "노후를/침대에 먹힌" 어느 노인의 기나긴 저녁은 결국 "저물지 않는/젖은 저녁이" 되고 말았다. 아무리 잘 모셔도 해결할 수 없는 노후의 긴 병 앞에서 절망하는 가족과 본인의 조금 남아있는 의식이 더 아프게 다가든다. 그나마 "딸이 매단 닭 모빌"이 노인의 마음을 아는 듯 "자꾸 문을 힐끔대고" 있을 뿐, 자녀들은 생활이 바빠 자주 찾을 수도 없는 상태. 아픈 모습의 묘사는 시인이 건너온 시간의 중첩일 듯한데, 주변에서 점점 많이 닥뜨릴 "인질 같은" 노후에 대한 연민으로 우리 자신의 노후까지 생각해보게 한다.

이렇듯 점점 길어지는 노후에 대한 문제의식은 「울지 않는 전화」에도 잘 나타난다. 자식들에게 누가 되지 않으려고 혼자 살다 "별안간/음독을 해버린/86세 할머니"만도 충격인데, 마지막 남긴 말이 "얘들아, 사랑한다/전화 좀 자주 하자"였다니 더 충격적이다. 자식들이 사드린 효도전화기는 이미 "그믐이" 되어버린 후였으니, 그 말은 남은 자식만 아니라 우리에게 들려주는 뼈아픈 전언이 아닐 수 없다. 전화 한 통이면 가족사의 골치 아픈 일들도 쉽게 해결된다는데, 바쁘다고 그것을 못 한다는 어른들 타박이 행간에서 울린다. 하지만 간단한 안부 전화마저 쉽지 않은 실천으로 변해버린 게 지금 우리가 만든 세상이다. 그런 점에서 여운을 더 진하게 남긴다.

아픈 노후가 아닌 건강한 노후 스케치도 여럿 보인다. 그 중에서 웃음을 안기는 즐거운 노후 「우리 동네 앙드레 김」을 읽어보자.

백구두 백바지에
흰 재킷 흰 중절모

땅땅 흰 지팡이는
패션의 화룡점정

흰옷만
떼쓰듯 고집해
별명은
앙드레~ 김

구색을 맞췄다며
희희낙락 흐뭇하다

어리둥절한 눈길들을
거만하게 거느리면

솜틀듯,
꾹 눌린 웃음들이
틀틀틀틀
부푼다

―「우리 동네 앙드레 김」 전문

 어느 동네나 있지 싶은 특이한 차림의 이 할아버지는 이름 하여 "앙드레 김~"이시다. 요즘은 TV에서 특이한 사례를 많이 찾아 내보내서인지 휘둥그레지는 자칭 패션 스타도 많아졌다. 자신감 높이는 자가발전인지 자가당착인지 당당한 노년의 표현으로 다시 볼 필요가 있다. 체면 문화가 너무 강해 주변 의식 안 하고 자기 멋대로 차려입는 사람이 적지 않은가. 이런 주변 의식은 표현의 자유를 억압하는 면도 있다. 그런데 예전에 유행(?)했던 "백구두 백바지에/흰 재킷 흰 중절모" 차림만으로도 눈에 확 띄는 할아버지가 있다. "땅땅 흰 지팡이는/패션의 화룡점정"이라니 가히 동네의 스타 같은 존재감의 묘사다. 그런 판에 "꾹 눌린 웃음들이/틀틀틀틀/부푼"들 무에 대수인가. 자신의 하루 산뜻해지면 주변 웃음쯤이야 얼마든지 웃어넘기리라. 이런 작품의 묘미는 충만한 자신감이면 노후도 마음먹은 대로 즐길 수 있다는 점을 웃음 실어 전하는 데 있다. 이렇듯 주변 눈치 안 보고 씩씩하게 보내는 노후는 「한글은 어려워!」에서도 잘 나타난다. 「이쁜 치매」 역시 덕담으로 주변을 환하게 하는 사연은 뭉클하지만, 삶의 마지막 길에 대한 성찰을 담아낸다. 이렇듯 노인들에 대한 관심과 돌아봄의 귀결들은 이은주 시조에 또 다른 폭을 넓히고 있다.

*

시접이 넓은 더 큰 시조를 꿈꾸는가. 「마음의 시접」에서 시인의 그런 갈망을 엿볼 수 있다. 누군들 그런 작품을 바라지 않으랴만, 시인의 경험과 감각으로 불러내는 "시접"의 힘에 눈길이 오래 머문다. 부족한 시접이나 밑단을 돌아보는 자기 성찰이 오롯이 전해지며 우리 자신의 마음도 들여다보게 이끈 작품이다.

바투 잘린 시접에 교복을 버린 적 있다

융통성의 밑단과 잠재력의 여유분은

쟁여둔 이면지처럼 또 다른 생을 열고

마음의 시접분이 넉넉한 사람들은

여운 긴 문장처럼 추가되는 여백처럼

쿨하다, 삶의 품도 널따란 느긋한 느티 같다
　　　　　　　　　　　　　　　　　—「마음의 시접」 전문

　"바투 잘린 시접에 교복을 버린 적 있다"는 고백은 "시접"의 중요성을 자연스럽게 깨운다. 그런 경험은 곧 "마음의 시접"을 돌아보게 하는데 "융통성의 밑단과 잠재력의 여유분"이 얼마나 필요한지 살면서 많이 겪고 봐왔기 때문일 것이다. 그러나 시를 쓰기 시작하면서부터는 또 다른 "시접"의 필요성을 절감하는 마음이 나타난다. 그것은 마치 "여운 긴 문장처럼 추가되는 여백처럼" 작품의 폭을 넓히는 시적 품새에 대한 갈망이다. 우리가 시를 쓰면서 늘 구하는 게 바로 시적 울림이고 그와 함께 탄생시키는 작품의 깊이와 넓이 같은 것 아닌가. 보다 큰 시란 다름 아닌 삶의 너른 품에서 나오는 것인지, 시인도 "느티" 같은 삶의 품을 간절히 그리고 있어 이후가 기다려진다.

'글이 곧 그 사람'이라는 말도 동아시아에서는 이러한 생각을 더 담보한다. 물론 문학에서는 작가의 문체 곧 스타일style을 이르는 말로 더 쓰지만 우리 문화권에서는 작품과 작가를 동일시하는 경우가 많아 그런 인식이 더 큰 것으로 보인다. 이은주 시인은 두 표현이 다 맞는 경우에 속하는 시세계를 보여준다. 지금까지 읽어본 시조에서도 노인에 대한 연민이나, 감상 배제한 깔끔한 묘사의 일관이나, 도시의 문제적 상황 직조로 구하는 아이러니 효과이거나, 시조집을 관류하는 문법이 그러하다.

*

고답 어린 감상이나 과잉은 이은주의 시적 취향이 아니다. 자연 감상에서 철지난 수채화 복제로 빠지는 것 또한 경계한다. 도시의 일상 속에서 구체적인 상황을 잡아내 재구再構하는 시조가 더 많은 까닭이다. 그러는 동안 "삶에게 잠시 삐칠 때"도 있지만, "돌아가고 싶기보다 잘 건너 다행인 날들"(「어제가 아니라서」)이라고 자신과 세상과 작품을 다독이며 간다. 오늘도 "큰 바람과 한패인 척 자잘한 바람의 허풍"(「바람의 간격」) 같은 세상의 속내 뒤지며 때때로 더 속상해하며 자신의 시조를 갈구할 것이다.

  이은주 시인은 웃음을 통한 비틀기 같은 아이러니 구사력이 특히 좋다. 모순과 부조화를 드러내는 어느 갈피에서는 따끔한 일침을 놓은 일품도 매력적이다. 시인이 잰체하거나 쉽게 쓰던 화자우월주의 같은 훈계조 꺼리는 문화에 어울리는 어법을 갖춘 셈이다. 가르침의 각진 포즈보다 공감의 웃음 뒤에 소소한 일깨움을 촉발하는 식으로 편하게 다가드는 것이다. 이런 감각적 어조와 날선 발견이 살아 있는 『섭섭한 오후』 산책이 오래도록 섭섭지 않기를 기대한다.

이은주 | 1965년 서울 출생. 숙명여자대학교 식품영양학과 졸업.
2014년 ≪시조시학≫ 신인상 등단. 2018년 수원문화재단
형형색색 문화예술지원금 수혜. 시나루 동인.

| 한국대표정형시선 050 |

섭섭한 오후

초판 1쇄 발행일 · 2018년 10월 05일
초판 2쇄 발행일 · 2019년 03월 13일

지은이 | 이은주
펴낸이 | 노정자
펴낸곳 | 도서출판 고요아침
편　집 | 정숙희 김남규

출판 등록 2002년 8월 1일 제 1-3094호
03678 서울시 서대문구 증가로 29길 12-27 102호
전화 | 302-3194~5
팩스 | 302-3198
E-mail | goyoachim@hanmail.net
홈페이지 | www.goyoachim.com

ISBN 979-11-88897-66-7(04810)
ISBN 978-89-6039-728-6(세트)

* 책 가격은 뒤표지에 표시되어 있습니다.
* 지은이와 협의에 의해 인지는 생략합니다.
* 잘못된 책은 교환해 드립니다.

ⓒ 이은주, 2018